BOEKANALYSE

AF156555

De glorie van mijn vader

MARCEL PAGNOL

BOEKANALYSE

Geschreven door Margot Dimitrov
Vertaald door Nikki Claes

De glorie
van mijn vader

MARCEL PAGNOL

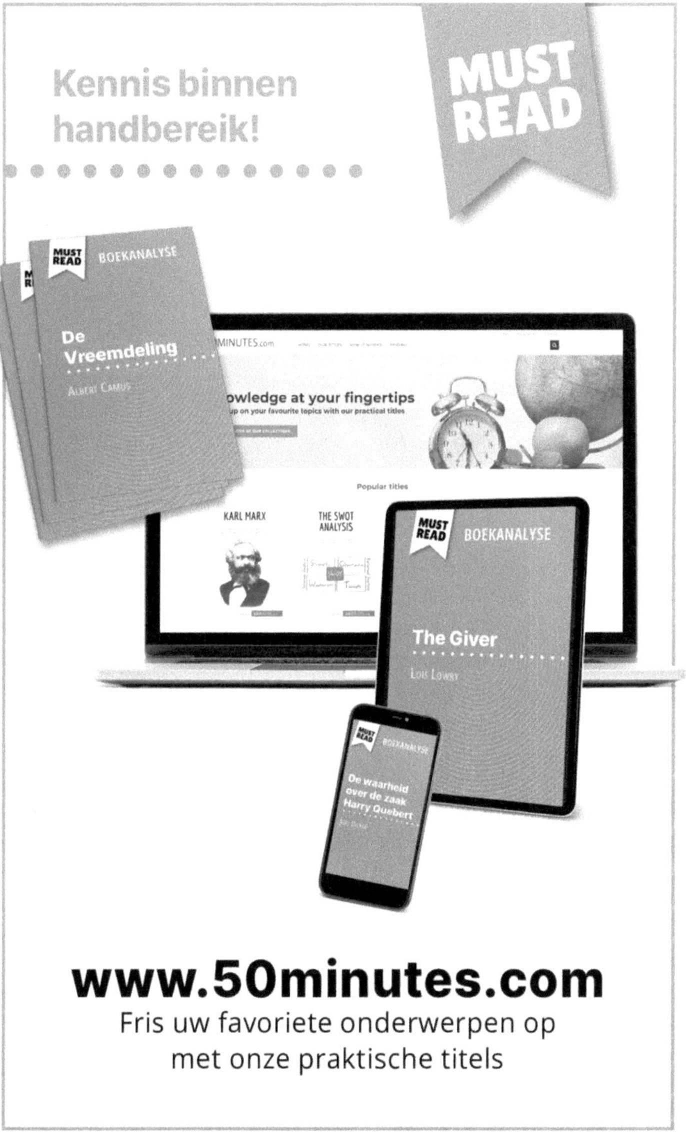
Kennis binnen handbereik!
MUST READ
MUST READ
BOEKANALYSE
De Vreemdeling
Albert Camus
Popular titles
KARL MARX
THE SWOT ANALYSIS
MUST READ
BOEKANALYSE
The Giver
Lois Lowry
MUST READ
BOEKANALYSE
De waarheid over de zaak Harry Quebert
www.50minutes.com
Fris uw favoriete onderwerpen op
met onze praktische titels

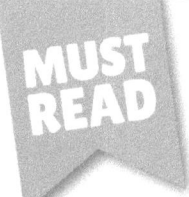

MARCEL PAGNOL

FRANS SCHRIJVER, DRAMATURG EN REGISSEUR

- **Geboren in Aubagne (Frankrijk) in 1895.**
- **Overleden in Parijs in 1974.**
- **Opmerkelijke werken:**
  - *Marius* (1929), toneelstuk
  - *My Father's Glory* (1957), roman
  - *Het kasteel van mijn moeder* (1957), roman

Marcel Pagnol werd geboren in Aubagne in 1895. Zijn vader was leraar en zijn moeder naaister. Hij studeerde Engels aan de universiteit van Aix-Marseille en besloot daarna in de voetsporen van zijn vader te treden en leraar te worden.

Hij had veel succes in Parijs dankzij zijn toneelstukken, waarin de streek waar hij opgroeide prominent aanwezig was (de beroemde Marseillaise-trilogie: *Marius*, 1929; *Fanny*, 1931; en *César*, 1936). Hij was ook geïnteresseerd in cinema en regisseerde meer dan 20 films (waaronder *Heartbeat*, 1938).

In 1946 werd hij verkozen tot lid van de Académie française. Hij begon zijn carrière als romanschrijver in 1957 met zijn reeks *Souvenirs d'enfance* ("Jeugdherinneringen") en in 1963 met *Het water van de heuvels*. *Het water van de heuvels* is de verzamelnaam voor twee van zijn beroemdste boeken: *Jean de Florette* en *Manon van de Bron*.

DE GLORIE VAN MIJN VADER

REGIONALISME EN ORALITEIT

- **Genre**: roman

- **Referentie-uitgave**: Pagnol, M. (1986) *De glorie van mijn vader en het kasteel van mijn moeder* Trans. Barisse, R. Californië: North Point Press.

- **1e editie**: 1957

- **Thema's**: herinnering, Provence, kindertijd, familie, jacht

De glorie van mijn vader is het eerste boek van de serie *Souvenirs d'enfance*. Het verscheen in 1957 samen met het tweede boek in de reeks, *Het kasteel van mijn moeder*. Deze boeken werden gevolgd door *Le Temps des* secrets ("De tijd van de geheimen", 1960) en *Le Temps des amours* ("De tijd van de liefde", een onvoltooid werk dat in 1977 postuum werd gepubliceerd). Pagnol begon voor het eerst in proza te schrijven en lichtte deze keuze toe in het voorwoord van het boek. Hij onderscheidt deze manier van schrijven van het theatrale schrijven dat hij lange tijd had beoefend.

De glorie van mijn vader is een autobiografisch boek: het is de 62-jarige Marcel Pagnol zelf die deze herinneringen uit zijn jeugd opschrijft, die hij opdraagt "aan de herinnering van hen die ik liefhad" (p. 5). Hij haalt verre jeugdherinneringen naar boven, waarbij het boek meer een verzameling kleine gebeurtenissen is dan een roman met een echt plot.

SAMENVATTING

MARCELS JEUGD

"Ik ben geboren in het stadje Aubagne, onder de geitenkroon Garlaban, in de tijd van de laatste geitenhoeders" (p. 15), vertelt Marcel. Hij woont meer dan drie jaar in dit stadje, maar heeft er slechts enkele herinneringen aan, waaronder vooral de jeu de boules wedstrijden van zijn vader.

"Van Aubagne verhuisden we naar Saint-Loup, een vrij groot dorp aan de rand van Marseille" (p. 29), vervolgt hij. In die tijd wonen hij en zijn ouders, Joseph en Augustine, in de school waar zijn vader geeft. Toen zijn moeder hem op een dag op school afzette om de markt te gaan, begon de vierjarige Marcel tot ieders grote verbazing vloeiend te lezen wat zijn vader op het bord had geschreven.

Na Josephs promotie vestigt het gezin Pagnol zich aan de Chemin des Chartreux in Marseille, in de grootste lagere school van de stad. Ondertussen wordt Marcels broertje Paul, drie jaar jonger, geboren.

Marcel en zijn tante Rose gaan vaak naar Borély Park, waar ze een man ontmoeten die beweert de eigenaar te zijn, maar die eigenlijk niemand anders is dan oom Jules, de man van tante Rose.

Omdat hun huis te klein is, verhuizen de Pagnols naar een groter huis in de Rue Terrusse, dat de trots is van Augustine en de afgunst van Marcels vrienden.

Marcel, nu een nieuwsgierige achtjarige, geniet van zijn schoolopleiding en begint zich na de geboorte van zijn zusje en zijn neefje Pierre vragen over het mysterie van het leven.

DE FEESTDAGEN

Om de slechte gezondheid van Augustine te verbeteren, huren Joseph en Jules een villa waar het hele gezin de zomer kan doorbrengen. Joseph neemt Marcel mee naar een antiquair om meubels voor het huis te kopen. Daar vinden ze een schat aan rustieke, maar nutteloze voorwerpen, en Marcel leert het plezier van onderhandelen. Na drie maanden werken aan reparaties zijn de "Rustiek Provençaalse" (p. 61) meubels klaar voor de villa. François, een boer die vlakbij de villa woont, vervoert het in zijn kar, terwijl Rose en Jules in een vrachtwagen naar de villa gaan.

De zomervakantie breekt aan en de familie Pagnol begint haar reis naar het dorp La Treille: "en toen begon de betovering: Ik voelde in mij een liefde opwellen die mijn hele leven zou duren" (p. 73). Dit waren "de mooiste dagen van [Marcels] leven" (p. 83).

Het huis, dat de *Bastide Neuve* (de Nieuwe Bastide) wordt genoemd – ook al is het verre van nieuw – bevat eigenlijk een geheime schat: een waterreservoir. De familie huurt een dienstmeisje in voor de huishoudelijke taken, waardoor ze zich een voornaam lid van de middenklasse voelen. Marcel en Paul ontdekken de natuur en de wildernis. Ze beleven veel plezier aan het kijken naar krekels, mieren en bidsprinkhanen en beginnen zelfs wrede experimenten uit te voeren. Maar nadat ze enkele boeken van James Fenimore Cooper (Amerikaans romanschrijver, 1789-1851) hebben ontdekt, is hun echte passie het spelen met indianen.

DE JACHT

Vervolgens vertelt Pagnol dat, naarmate 15 augustus nadert, het duidelijk wordt dat er "grote gebeurtenissen" (p. 100) op komst zijn: de jacht. Op een dag, terwijl ze eten, vertelt oom Jules, een ervaren jager, hen over de koning van het wild: de rotspatrijs, een majestueuze vogel die zeer zeldzaam en moeilijk op te sporen is.

Ze houden zich bezig met de minutieuze voorbereiding van de jacht: patronen, geweren, doelen en jachttechnieken zijn gelegenheden om Marcel te leren. Toch is hij beschaamd en vernederd als hij ziet dat Jules de meester is en zijn vader de aandachtige leerling. Hij begint ook te twijfelen of hij wel mee mag op jacht. De twee volwassenen zijn inderdaad niet van plan hem mee te nemen, maar als ze zien hoe teleurgesteld is, stemmen ze uiteindelijk toe. Marcel wil echter niet dat Paul meegaat omdat hij te klein is, en daarom besluit hij voor zijn eigen bestwil tegen hem te liegen.

Als het avond wordt, onthult Paul dat Jules en hun vader tegen Marcel hadden gelogen over de eerste dag van de jacht en hebben besloten zonder hem op pad te gaan. Marcel koestert een eeuwige wrok tegen oom Jules, die hij ziet als een verstokte leugenaar. Toch besluit de jongen hen op afstand te volgen, als een echte indiaan.

Na een paar avonturen, waaronder het uitdrijven van een aantal prachtige patrijzen en een aantal meesterlijke schoten van Jules, verliest Marcel zijn vader en oom uit het oog en raakt hij volledig verdwaald. Op de heuvel wordt hij bijna meegesleurd door een condor, die het gemunt heeft op een paar patrijzen die in de buurt verstopt zijn. Marcel zit onder de schrammen, heeft dorst en is de wanhoop nabij. Maar dankzij de lessen van Joseph en enkele boeken die hij over Indianen heeft gelezen, herwint hij zijn vertrouwen en gaat hij weer op pad.

Hij hoort plotseling twee geweerschoten en ziet een enorme vogel vallen, gevolgd door een andere vogel die hem op het hoofd slaat. Hij ziet oom Jules tegen Jozef schreeuwen, geërgerd dat hij twee rotspatrijzen heeft gemist die voor hem bedoeld waren. Marcel maakt van het moment gebruik om zich te laten zien. Hij steekt zijn vreugde en trots op zijn vader niet onder stoelen of banken:

> *"Dus sprong ik op een rotsachtig voorgebergte dat boven de vallei uitstak en met mijn lichaam gebogen als een schreeuwde ik met al mijn kracht: "Maar hij heeft ze gedood! Allebei! Hij heeft ze vermoord! En ik hief mijn kleine, bloederige vuisten op, waaraan vier gouden vleugels bungelden, en zwaaide de glorie van mijn vader hoog in de lucht tegen de ondergaande zon" (blz. 159).*

Marcel krijgt een heldenontvangst en Jozef kan niet geloven dat hij zo'n perfect schot heeft kunnen maken. Jules geeft toe dat het een uitzonderlijke prestatie is voor een beginner.

De volgende dag gaat Joseph met Marcel naar het dorp om zijn patrijzen te laten zien. Ze ontmoeten Mond des Parpaillouns, de postbode, kruidenier en dominee. Hij is een aardige man, en biedt aan een foto van hen te maken.

Voor het tweede deel van de jacht verruilt Joseph zijn baret voor een hoed met twee prachtige veren en is hij "trots op zijn prestatie".

KARAKTERSTUDIE

MARCEL

Er zijn twee Marcel Pagnols in dit verhaal: de 62-jarige verteller, die de pen ter hand heeft genomen om zijn jeugdherinneringen te vertellen, en het jongetje dat hij ooit was en dat het leven aan het ontdekken is. De natuurlijke, eenvoudige schrijfwijze wekt soms de indruk dat het het kind zelf is dat deze herinneringen vertelt, waarvan de meeste van toen de schrijver acht jaar oud was. Aangezien de verteller ook de auteur is, is *Mijn vaders glorie* dus een autobiografische roman.

Marcel heeft een broertje, Paul, en een zusje dat nooit bij naam wordt genoemd. Hij is een energiek kind en is nieuwsgierig naar alles. Hoewel hij op jonge leeftijd heeft leren lezen, is hij niet volwassener dan een normaal kind. Zijn passie voor woorden, zijn liefde voor boeken en zijn gave voor lezen kondigen zijn briljante schrijverscarrière aan. Later wordt hij zelfs verkozen tot lid van de Académie française, zoals hij zich in het boek herinnert.

Hij is erg close met zijn broertje, Paul. De twee kinderen spelen veel samen en kunnen het goed met elkaar vinden. Omdat Marcel de oudste is, is hij vaak beschermend over zijn jongere broer en zus, zoals hij niet wil dat Paul meegaat op jacht. Hij voelt zich meer volwassen en denkt er geen moment aan dat Jozef en Jules zullen weigeren hem mee te laten gaan.

Hij vereert zijn vader. Joseph is zijn held in elke zin van het woord: hij beschrijft hem als een gecultiveerde, intelligente, inventieve man. Hij deelt zijn overtuigingen en heeft absoluut vertrouwen in alles wat Jozef hem vertelt. Hij bewondert ook zijn oom Jules, maar vindt het moeilijk te accepteren dat zijn vader de leerling van de ander is als het om de jacht gaat. Hij voelt zich beschaamd en vernederd dat zijn vader als een onnozelaar naar zijn oom luistert.

Marcel barst bijna van trots als hij tevoorschijn komt met de twee ongelooflijke rotspatrijzen die Jozef heeft gedood. Hij is degene die werkelijk verantwoordelijk is voor de "glorie" van zijn vader. Hij herstelt hem in zijn status van ouderlijke held, vaardiger dan zelfs de grootste jager, oom Jules.

JOSEPH

Joseph is de vader van Marcel. Hij is het vijfde kind van een familie van steenhouwers en werd onderwijzer na zijn studie aan de universiteit van Aix-Marseille. Hij is geen gelovig man en is sinds hij naar de universiteit gaat fel anti-kerkelijk. Hij drinkt geen alcohol, in tegenstelling tot Jules. Marcel omschrijft hem als een "donkere jongeman, […] van minder dan gemiddelde lengte, hoewel niet bepaald klein" met een "grote neus, […] ingekort door zijn snor en zijn bril" en een "diepe en aangename" stem (p. 23).

Hij is een briljante leraar en wordt in Marseille gedetacheerd. Hij is een inventieve man met een passie voor antiek. Zoals elke leraar die zijn sporen waard is, laat hij geen gelegenheid voorbijgaan om zijn kinderen iets te leren: de reparatie van het meubilair, de voorbereidingen voor de jacht, het

observeren van insecten, de foto die de priester heeft genomen, enzovoort.

Hij lijkt boven de menselijke laagheid te staan en drijft open-
lijk de spot met meneer Arnauld wanneer deze poseert met
de grote vis die hij heeft gevangen: volgens Jozef is ijdelheid
de ergste ondeugd. Toch gaat hij met zijn schat naar het dorp
om hem aan iedereen te laten zien, en beweert dat het alleen
maar uit wetenschappelijke nieuwsgierigheid voor rotspatrijzen is. "Ik had mijn lieve superman op heterdaad betrapt
op het menselijk zijn: ik voelde dat ik daarom nog meer van
hem hield" (p. 174), zegt Marcel dan.

AUGUSTINE

Hoewel dit boek gewijd is aan zijn vader en hoe trots hij op
hem is, laat Pagnol ook zien hoe gehecht hij is aan zijn moeder, Augustine. Zijn genegenheid voor haar is een thema dat
verder wordt uitgewerkt in het tweede boek, *Het kasteel van
mijn moeder*.

> *"Mijn vader was vijfentwintig jaar ouder dan ik en niets kon dat ooit ver-
> anderen. Zij waren mijn vader en moeder, van oudsher en voor altijd"
> (blz. 23).*

Augustine was een kleine naaister uit Aubagne, die trouwde
met Joseph, vijf jaar ouder, verleid door de emotionele en
financiële zekerheid die hij kon bieden. Ze is de moeder van
twee jongens die haar koesteren en zich zorgen maken wanneer ze bevalt van hun zusje. Ze heeft een zwakke gezondheid en daarom besluit het gezin de zomer door te brengen
op het platteland, midden in de natuur. De drie mannen in
haar leven maken zich zorgen over haar tijdens de lange
wandelingen naar de Bastide Neuve.

Augustine is echter ook de strenge moeder van het gezin, die geen duimbreed toegeeft als het gaat om de netheid in huis, de hygiëne van haar gezin en de ontwikkeling van haar kinderen. Daardoor moet Jozef vaak met haar onderhandelen of toegeven als zij iets verbiedt.

JULES

Marcel ontmoet Jules voor het eerst in Borély Park bij zijn tante Rose, de oudere zus van Augustine. Hij beschrijft hem als volgt:

> *"Zijn gezicht had de kleur van een oude roos; hij had een dikke bruine snor, borstelige, borstelige wenkbrauwen en grote blauwe ogen die een beetje uitstaken. Bij zijn slapen zaten een paar witte plukjes haar. Omdat hij ook kranten las zonder plaatjes, plaatste ik hem meteen bij de oude mensen."*

Hij draagt een bolhoed en leren handschoenen, en loopt met een wandelstok. Hij is 37 jaar oud als hij met Rose trouwt. Hij is de op één na hoogste ambtenaar van de prefectuur. Zijn echte naam is Thomas. Hij is geboren in Roussillon, tussen de wijnranken en "zijn tong rolde over de r's als een beekje over grind". Hij kan goed opschieten met Joseph, maar deelt zijn kijk op het leven niet: hij drinkt wijn en gaat naar de mis. Hij is een vrolijke man, een levensgenieter en een zeer goede jager die graag opschept over zijn heldendaden wanneer hij de kans krijgt.

Hij liegt twee keer tegen Marcel: de eerste keer door zich voor te doen als de eigenaar van Borély Park en de tweede keer door de jongen te laten geloven dat hij mee mag jagen met de volwassenen. Marcel neemt hem dit kwalijk, maar hij vergeeft hem als hij ziet dat Jules jaagt als Buffalo Bill (Amerikaanse pionier, 1846-1917).

ANALYSE

ORALITEIT EN SCHRIFT

Oraliteit is een zeer belangrijk onderdeel van Pagnols schrijven. De roman bevat veel dialogen, wat hem een natuurlijker, levendiger aspect geeft. We zien ook de invloed van het theater, aangezien Pagnol oorspronkelijk een dramaturg was. Bovendien speelt het verhaal zich af in de Provence, een streek met een specifiek dialect (Provençaals) dat overal in het werk van de auteur terugkomt:

- **Country-speak**. De boer François gebruikt uitdrukkingen als "de buik van de haas vullen" en "fijnhakken" met "een dik stuk vet spek". De aanhalingstekens benadrukken dat het boer is die deze woorden gebruikt. Het is melodieus geschreven.

- **Het Catalaanse accent van oom Jules**. Hij "rolt zijn r's", Marcel hem zegt, wanneer hij het heeft over een bepaald religieus verhaal (de homélie de Lammenais) "Het is rrrreally verrrry sad and verrry horrrrible… Poorrrr child". Eenmaal, wanneer Jules hem een verhaal vertelt, geeft de verteller een kleine opmerking tussen haakjes: "De voorzitter van de Jagersvereniging, de heer Benazet (hij spreekt het uit als Bénazette)". Deze aanduiding van de uitspraak weerspiegelt de oraliteit van het verhaal.

- **Kinderlijk taalgebruik**. De verteller vertelt over bepaalde woorden zoals hij ze als kind verstond in gesprekken tussen zijn vader en zijn oom: "een bepaalde kabel die het platteland ruïneerde" (het was eigenlijk de gabelle of salt, een belasting op zout die duurde tot de Franse Revolutie), "radikills" (radicalen), "feemasons" (vrijmetselaars), "Jezuits" (jezuïeten), "hippocrieten" (hypocrieten). Er is dus een mondeling element en de illusie van terugkeer naar de kindertijd door de transcriptie van het taalbegrip van een kind. De aanhalingstekens geven aan dat de verteller beschrijft wat hij begreep toen hij acht was.

- **Populaire liedjes**. Verschillende liederen worden weergegeven in het "Lied voor de dood van een Comanche Chief". Dit geeft de indruk dat de herinneringen nog steeds intact zijn, ook al zijn er vele jaren verstreken. Het lied versterkt ook het muzikale aspect van het boek, dat al aanwezig is door de accenten van het Zuiden en het gezang van de cicaden.

EEN REGIONALE ROMAN

De glorie van mijn vader is een streekroman, omdat hij verankerd is in de realiteit van een bepaald gebied – in dit geval de Provence. Dit genre boek kan worden onderscheiden door veel verschillende elementen:

- **Het belang van de schilderachtige aspecten van de beschreven streek**. In zijn roman beschrijft Pagnol de streek door middel van plaatsnamen, beschrijvingen van landschappen en namen van boeren (Aubagne, Garlaban, Taumé, Mond des Parpaillouns, enz.).

- **De vermelding van gebruiken en tradities**. Pagnol heeft het over jeu de boules, onderhandelen bij de antiquair en zelfs jagen, allemaal zeer typisch Provençaalse activiteiten.

- **De verwijzing naar een agrarische omgeving**. De auteur beschrijft het plattelandsleven in de Bastide Neuve en de boeren die hij ontmoet.
- **De aanwezigheid van een traditionalistische ideologie**. In *My Father's Glory neemt* deze ideologie de vorm aan van het atheïsme van Pagnols en het katholicisme van Jules.

EEN EDUCATIEF VERHAAL

Het grootste deel van het boek is gebaseerd op Marcels herinneringen van toen hij acht jaar oud was, een tijd waarin hij nieuwsgierig was naar alles en net de school en het leven in het algemeen begon te ontdekken. Het feit dat zijn vader leraar is, is ook een belangrijk aspect van zijn opvoeding over het leven, omdat elke situatie hem de kans biedt zijn zoon iets te leren.

De dorst naar kennis van de Pagnols gaat terug tot Marcels grootvader, die steenhouwer was en onderwijs vereerde. Zijn zes kinderen gingen dan ook het onderwijs in, net als Marcel zelf.

Het eerste contact van Marcel met school is een ware openbaring: op vierjarige leeftijd kan hij al lezen! De discussies van Joseph en oom Jules wekken ook de nieuwsgierigheid van de jonge Marcel voor religieuze en republikeinse onderwerpen, en voor de woorden en klanken van de Franse taal. Met veel plezier ontdekt hij het langste woord dat hij kent: "anticonstitutionnellement".

Bovendien beperkt zijn intelligentie zich niet tot academische kennis – hij is ook goed met zijn handen.

Marcel leest veel en is geïnteresseerd in entomologie (de studie van insecten) en de jachtverhalen van oom Jules. De rotspatrijs en fotografie vormen ook de basis voor twee andere lessen.

HET ONSCHULDIGE GEWELD VAN KINDEREN

Het geweld van kinderen is ook een terugkerend thema in de roman, en loopt parallel aan deze ontdekking van het leven. Het contrasteert met het idyllische uiterlijk en de natuurlijke charme van Pagnols' geboortestreek Provence. Toch is het in deze fase van zijn leven nog een teder, onschuldig soort geweld:

- Als de Pagnols in Saint-Loup wonen, staat de school tegenover een slachthuis, en Marcel kijkt met veel plezier naar de ossen en varkens die worden gedood. "Ik geloof dat de mens van nature wreed is: kinderen en wilden bewijzen dat elke dag," zegt de verteller.

- Tijdens zijn wandelingen met tante Rose in het Borélypark gooit Marcel brood voor de eenden, maar zodra zijn tante zich omdraait, hij stenen naar hen, "vastbesloten om ze te doden". Hij schept er ook een verdraaid genoegen in om mensen in het park van hun fiets te zien vallen.

- Hij heeft het ook gemunt op de krekels en dreigt dat hij "een rietje in je reet zal steken". Pagnol, de schrijver, merkt dan op "dat is de engelachtige zoetheid van achtjarige jongens".

- Eenmaal aangekomen bij de Bastide Neuve gaan Marcel en zijn broer op jacht naar krekels en vlinders. "Dat wil zeggen dat we handenvol kleine sprinkhanen in ruitvormige spinnenwebben gooiden, geweven door grote, zwarte, fluwelen spinnen met gele strepen. Hun gevangenen wikkelden hen in enkele seconden in zijde, boorden sierlijk een gat in het hoofd van hun slachtoffers en zogen (blz. 86)." Hij geniet van de beschrijvingen, alsof hij wil aandringen op het plezier dat kinderen beleven aan het zien lijden van dieren.

- Marcel en zijn broer beleven ook veel plezier aan het verbranden van mieren en het in de val lokken van bidsprinkhanen, die ze martelen. De insecten vechten dan op leven en dood, "een heerlijk schouwspel" voor Marcel.

- De twee broers spelen ook oorlog, "het enige echt interessante spel", volgens de jongen. Marcel is een Comanche en Paul een Pawnee.

- De door de volwassenen georganiseerde jacht fascineert de kleine Marcel zozeer dat hij uiteindelijk zijn vader en zijn oom volgt. Hij belandt in het hart van de wildernis, waar hij beseft dat hij een gemakkelijk doelwit is voor de enorme roofvogels en wilde dieren die er leven. De angst voor zwijnen en gieren is een goede les in de natuur voor Marcel.

Er zijn echter tegenvoorbeelden van dit jeugdige geweld: wanneer ze de muilezel moeten afranselen om hem door de moeilijke stukken van de reis te loodsen, zijn Paul en Marcel veel te zachtaardig en willen ze het dier geen pijn doen.

PAGNOL, EEN KIND VAN DE DERDE REPUBLIEK

De data in het verhaal doen er weinig toe: Pagnol vermeldt zijn geboortedatum niet aan het begin van het verhaal of in de eerste paar hoofdstukken van het boek. Prioriteit wordt gegeven aan de geografische locaties waar hij zoveel waarde aan hecht.

Een aantal in de roman beschreven maatschappelijke gebeurtenissen wijzen er echter op dat het verhaal zich afspeelt in een overgangsperiode: de Derde Republiek (1870-1940), een tijd van hervormingen in het onderwijs. Pagnol werd geboren op 28 februari 1895, iets meer dan tien jaar na de invoering van de Jules Ferry-wetten, die het seculiere onderwijs instelden als een manier om de republikeinse heerschappij te consolideren tegenover de Kerk. Op 9 november 1905, toen Pagnol ongeveer tien jaar oud was, stemde de regering voor de scheiding van kerk en staat.

Het gevolg was dat Joseph, de vader van Pagnol, les kreeg op een lerarenopleiding. De hiërarchie bleek echter net zo star als die van de kerk, zoals Pagnol merkt als hij eenmaal volwassen is.

> *"Want het opmerkelijke was dat deze rabiate antiklerikalen de ziel van missionarissen hadden. Om Monsieur le Curl (wiens deugd een schijnvertoning zou zijn) te dwarsbomen, leefden zij zelf als heiligen, en hun zeden waren even onbuigzaam als die van de vroege puriteinen."*

In kleine dorpen was de onderwijzer een belangrijke sociale figuur met dezelfde rang als de priester, en door zijn academische kennis werd hij vaak de secretaris van de dorpsburgemeester. Hij was dus de beschermer van de republikeinse waarden tegenover de nog steeds aanwezige kerk en de edelen.

De Franse Revolutie van 1789 was niet zo'n verre gebeurtenis, en de aristocratische tradities waren nog niet volledig verdwenen: het feit dat spoorwegarbeiders geen rechte wegen konden maken vanwege de ondoordringbare barrières van de landhuizen van de Marseillaise adel, maakt dat de familie Pagnol gedwongen is drie mijl extra te lopen: "deze enorme détour wordt ons opgedrongen door vier of vijf grote landgoederen die de weg niet kon doorsnijden." Deze situatie staat centraal in de plot van het tweede boek van de serie, *Het kasteel van mijn moeder*.

Een andere zorg van de republikeinse leraren, naast het verzet tegen de geestelijkheid en de adel, was alcohol. De school van de Derde Republiek stelde zich als morele opdracht om kinderen bewust te maken van de gevaren van alcoholisme, in de overtuiging dat onderwijs zou voorkomen dat ze na hun volwassenheid in deze val zouden lopen. Pagnol beschrijft een muurschildering in zijn klas die kinderen bang moest maken met de onomkeerbare lichamelijke veranderingen die alcohol veroorzaakt.

Bovendien beschouwt Joseph Pagnol de communie als een excuus om zich via de communiewijn te buiten te gaan aan de ondeugd van alcohol. Josephs vaste overtuigingen weerhouden hem er echter niet van goed om te gaan met zijn zwager Jules, een praktiserend katholiek, of met de dorpspastoor in de laatste twee hoofdstukken van het boek. Kennis en onderwijs is wat deze drie personages verenigt rond de rotspatrijzen.

EEN AUTOBIOGRAFISCHE ROMAN ROND DE EEUWWISSELING.

Marseille tijdens *La Belle Époque*

Tussen 1800 en 1914 is de bevolking van Marseille vervijfvoudigd. In 1914 telde de stad ongeveer 500 000 inwoners. Het feit dat Marseille een havenstad is, verklaart waarom er zoveel mensen naartoe verhuisden. Omdat het aantal inwoners nu veel groter was, werden er veel openbare scholen geopend. Daarom verhuist de familie Pagnol verschillende keren, van de kleine school in Aubagne naar de school aan de Chemin des Chartreux, de grootste onderwijsinstelling van Marseille.

In 1906 komt de koloniale tentoonstelling naar de stad, en daarmee de wens om de wereld te verbazen met een moderne infrastructuur: vanaf 1900 wordt het tramsysteem eindelijk geëlektrificeerd, waardoor de tarieven goedkoper worden en er meer tramlijnen in de stad komen. Langs de weg waar de Pagnols overheen lopen zijn al tramrails geplaatst, als een teken van de omvang van het toekomstige vervoersnetwerk: "Bij die woorden zag ik de rails uit het gras springen en zich tussen de straatstenen wringen, terwijl in de verte het diepe gegrom van een tram te horen was."

De Pagnol zien zichzelf geleidelijk aan stijgen in de wereld, dankzij de loonsverhoging van Joseph, maar ze zijn niet rijk genoeg om met een auto naar de heuvels te rijden, vooral omdat de weg nog niet geschikt is voor motorvoertuigen. Ze moeten dus rekenen op de muilezeldrijvers van het dorp, zoals vroeger, een teken dat de technologische vooruitgang van de steden in de 20e eeuw het platteland nog niet helemaal heeft bereikt.

Een enorm succesvolle familieroman

De glorie van mijn vader, voor het eerst gepubliceerd in de kerstspecial van het tijdschrift *Elle* in 1957, was Pagnols eerste grote literaire en commerciële succes.

In 1990 bewerkte Yves Roberts, de regisseur van de film *The Button War* (een bewerking van een beroemde roman over school en jeugd die zich in dezelfde tijd afspeelt als *My Father's Glory*), *My Father's Glory* en *My Mother's Castle* voor de bioscoop. De twee films kwamen binnen twee maanden na elkaar uit. Ze waren zeer succesvol: *My Father's Glory* trok 6,2 miljoen bioscoopbezoekers, terwijl nog eens 4,3 miljoen de opvolger van de avonturen van Pagnols, *My Mother's Castle, bezochten*. Telkens wanneer deze films op de televisie werden herhaald, steeg de verkoop van Pagnols boeken.

 WIST JE DAT?

De glorie van mijn vader wordt op scholen vaak gebruikt als dicteeroefening, maar ook om Frans als vreemde taal te onderwijzen. Pagnol is immers een klassieke schrijver met een lichte, lyrische schrijfstijl, met eenvoudige zinnen.

VERDERE REFLECTIE

ENKELE VRAGEN OM OVER NA TE DENKEN...

- Wie is de held van het boek? Leg je keuze uit.

- In het begin van de roman vergelijkt Pagnol de geestelijkheid met het onderwijs. Verklaar deze vergelijking.

- Wat vindt u van het republikeinse secularisme dat Jozef onderwijst?

- Voor Paul en Marcel is het Provençaalse accent het enige echte Franse accent, en ze steken de draak met de manier waarop hun oom Jules spreekt. Bestaat er volgens u werkelijk "één enkel Frans accent"? Motiveer uw antwoord.

- Waarom staat de 8-jarige Marcel dichter bij de wereld van de volwassenen dan bij die van de kinderen?

- Oom Jules vertelt Marcel dat liegen tegen kinderen acceptabel is als het voor hun eigen bestwil is. Ben je het eens met deze uitspraak? Leg je antwoord uit.

- Welk beeld schetst Pagnol van de boeren?

- Joseph leert Marcel "de mooiste zin in de Franse taal": "Hoop is niet nodig om een taak te ondernemen, noch succes om hem uit te voeren." Geef hier commentaar op.

- Geeft Pagnol een vergevingsgezind beeld van zijn vader? Probeer zoveel mogelijk details te geven.

- James Fenimore Cooper was een van Pagnols inspiratie-bronnen en de reden voor zijn passie voor de Indianen. Onderzoek andere sporen van intertekstualiteit in de roman, dat wil zeggen andere invloeden die een stempel hebben gedrukt op de auteur.

- Bekijk de verfilming van Yves Robert en vervolgens het boek met de film. Welke elementen zijn toegevoegd of weggehaald? Is de bewerking trouw aan de tekst?

- Wat maakt dit boek tot een streekroman? Ken je nog andere romans in hetzelfde genre?

VERDER LEZEN

REFERENTIE-UITGAVE

Pagnol, M. (1986) *De glorie van mijn vader en het kasteel van mijn moeder*. Trans. Barisse, R. Californië: North Point Press.

REFERENTIESTUDIES

Geschiedenis Home. (Geen datum) *De Derde Republiek 1870-1914*. [Online]. [Accessed 10 April 2017]. Beschikbaar vanaf: <http://www.historyhome.co.uk/europe/3rd-rep.htm>

Beroemde auteurs. (Geen Datum) *Marcel Pagnol*. [Online]. [Accessed 10 April 2017]. Beschikbaar vanaf: <http://www.famousauthors.org/marcel-pagnol>

AANPASSINGEN

My Father's Glory. (1954) [Film]. Yves Roberts, dir. Frankrijk: Gaumont.

Serge, S., Eric, S. en Morgann, T. (2015). *De glorie van mijn vader*. [Stripboek]. Groothoek.

*We horen graag van jou! Laat
een reactie achter op jouw online bibliotheek
en deel je favoriete boeken op social media!*

Waarom kiezen voor Must Read?

Kom alles te weten over een boek met onze beknopte en diepgaande samenvattingen en analyses!

Ontdek het beste uit de literatuur in een compleet nieuw licht!

www.50minutes.com

De uitgever garandeert de betrouwbaarheid van de gepubliceerde informatie, die echter niet onder zijn verantwoordelijkheid valt.